DIOCÈSE DE FRÉJUS & TOULON

JUBILÉ NATIONAL

ACCORDÉ A LA FRANCE

PAR N. S. PÈRE LE PAPE LÉON XIII

Par Lettres Apostoliques du 8 Janvier 1896

à l'occasion du XIVe Centenaire

DU BAPTÊME DE CLOVIS

Vivat qui Francos diligit Christus!
Vive le Christ qui aime les Francs!
(Prologue de la loi salique.)

Regnum Galliæ, regnum Mariæ.
Le Royaume de France est le royaume de Marie.
(Paroles de saint Bernard.)

TOULON
IMPRIMERIE CATHOLIQUE, CITÉ MONTÉTY

1896

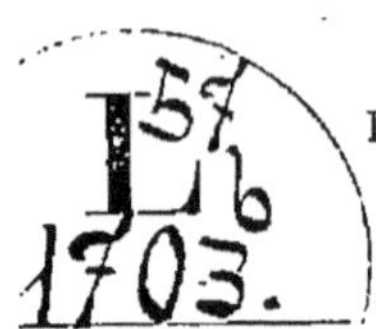

Vendu : 25 Centimes.

JUBILÉ NATIONAL

SOMMAIRE

PAGES

DIOCÈSE DE FRÉJUS & TOULON

JUBILÉ NATIONAL

ACCORDÉ A LA FRANCE

PAR N. S. PÈRE LE PAPE LÉON XIII

Par Lettres Apostoliques du 8 Janvier 1896

à l'occasion du XIVe Centenaire

DU BAPTÊME DE CLOVIS

Vivat qui Francos diligit Christus!
Vive le Christ qui aime les Francs!
(Prologue de la loi salique.)

Regnum Galliæ, regnum Mariæ.
Le Royaume de France est le royaume de Marie.
(Paroles de saint Bernard.)

TOULON

IMPRIMERIE CATHOLIQUE, CITÉ MONTÉTY

1896

Pour faire entrer les Fidèles dans les intentions que s'est proposées le Souverain Pontife, en accordant à la France cette Indulgence Jubilaire et afin de leur permettre d'en conserver comme un mémorial, nous avons cru utile de publier en un seul opuscule :

Les Lettres du Souverain Pontife ;

Celle du Cardinal Langénieux ;

Un extrait et le dispositif de la Lettre pastorale de Mgr l'Évêque de Fréjus et Toulon, publiant et promulguant cette Indulgence.

Toulon, le 29 septembre 1896.

JUBILÉ NATIONAL

LETTRE DE SA SAINTETÉ LÉON XIII

A SON ÉMINENCE

LE CARDINAL LANGÉNIEUX

ARCHEVÊQUE DE REIMS

Le 25 décembre dernier, S. Em. le cardinal Langénieux, archevêque de Reims, adressait à N. S. P. le Pape la lettre suivante :

« Très-Saint Père.

« Le moment est venu de mettre à exécution le projet que Votre Sainteté a béni déjà et encouragé, de célébrer solennellement à Reims, l'an prochain, le XIVe Centenaire du Baptême de la Nation Française, en la personne de son roi Clovis.

« Dans l'espérance qu'au souvenir de cet évènement providentiel, dont les conséquences, pour l'Eglise et pour la France, ont été si fécondes et si glorieuses, notre pays, maintenant sous le coup de l'épreuve, s'instruirait aux leçons du passé, et reviendrait à Dieu, Votre Sainteté a daigné me promettre de nous accorder, à cette occasion, un Jubilé National.

« Aujourd'hui, Très-Saint Père, je rappelle à Votre Sainteté cette parole et je la supplie de donner à la France, qui se sait aimée du Pape et qui lui est dévouée, avec sa bénédiction apostolique, ce nouveau témoignage de sa paternelle sollicitude.

« Daignez agréer, Très-Saint Père, les sentiments profondément respectueux avec lesquels j'ose me dire, de Votre Sainteté, le très humble et très obéissant fils.

« † B.-M. Card. LANGÉNIEUX.

Archevêque de Reims.

RÉPONSE DU PAPE

Notre cher Fils.

C'est un noble dessein que celui dont vous avez pris l'initiative de convier la France entière à célébrer solennellement, cette année, après quatorze siècles, l'anniversaire du baptême de Clovis, roi des Francs-Saliens. Aussi, Nous accueillons avec une particulière satisfaction le désir que vous Nous avez exprimé, de Nous associer à cette sainte et patriotique entreprise en accordant à votre pays, que Nous aimons, la faveur unique d'un Jubilé National. On peut dire, en effet, que ce baptême du royaume des Francs et, assurément, les conséquences historiques de cet évènement mémorable ont été de la plus haute importance, non seulement pour le peuple nouveau qui naissait à la foi du Christ, mais pour la chrétienté elle-même, puisque cette noble nation devait mériter, par sa fidélité et ses éminents bienfaits, d'être appelée la Fille aînée de l'Eglise.

Et d'ailleurs, Notre cher Fils, comment pourrions-Nous demeurer étranger aux fêtes que vous allez célébrer à Reims, autour du tombeau du saint archevêque Remi, votre insigne prédécesseur, Nous qui n'avons cessé de donner à la France des témoignages réitérés, persévérants, de Notre affection paternelle ? Comment ne serions-Nous pas touché, en songeant aux desseins adorables de la bonté et de la providence de Dieu sur une nation tant de fois choisie comme un puissant instrument pour la défense de l'Eglise et la dilatation du règne de Jésus-Christ ?

Ces desseins, dont nous voyons clairement les premiers actes et la première réalisation dans la conversion prodigieuse de Clovis, doivent aussi faire tressaillir toute l'Eglise de France, pendant les solennités qui se préparent et auxquelles votre zèle éclairé, Notre cher Fils, saura donner un lustre digne des faits qu'elles rappelleront, digne aussi de la cité qui en fut le principal théâtre, et qui vit, dans sa magnifique cathédrale, tant de princes implorant, pour bien gouverner, les bénédictions d'en haut.

Mais afin que de telles solennités apportent à votre très noble nation ces fruits de salut que

Nous lui souhaitons vivement, il est absolument nécessaire qu'elle comprenne et apprécie le bienfait dont elle célèbre le souvenir, c'est-à-dire sa régénération dans le Christ, sa naissance à la foi. Un tel bienfait, incomparable en lui-même comme principe de vie et de fécondité dans l'ordre de la grâce, est mémorable aussi, nul ne peut le méconnaître, par les résultats précieux de grandeur morale, de prospérité civile, d'entreprises glorieuses qui toujours en découlèrent pour la France ; on en retrouve le témoignage dans les temps mêmes où la nation vit surgir pour la religion des jours d'adversité et de deuil. Car, si elle céda parfois à de déplorables entraînements, toujours, après avoir souffert, elle sut réagir contre le mal et puiser dans sa foi de nouvelles énergies pour se relever de ses épreuves et reprendre la mission apostolique qui lui a été confiée par la Providence.

Nous sommes persuadé que l'Episcopat français, continuateur de la mission de saint Remi, héritier de son zèle sacerdotal, de sa grâce dans le maniement des esprits et des cœurs, saura de plus en plus faire apprécier au peuple l'étendue d'un tel bienfait, et défendre la foi catholique contre les attaques de ceux qui voudraient détruire la civilisation. Aussi, Nous appropriant la parole et l'exhortation du Prince des Apôtres, du même cœur que lui et avec la même effusion apostolique, Nous disons à nos très chers fils de France : « Béni soit le Dieu et Père de Notre-Seigneur Jésus-Christ, qui vous a *régénérés* dans la vive espérance..... d'un héritage incorruptible, sans tache, incapable de se flétrir... Espérez donc dans la grâce qui vous est offerte par la révélation de Jésus-Christ.... Quiconque croira en lui ne sera pas confondu..... »

Oui, Notre cher Fils, Nous prions le Dieu Tout-Puissant et miséricordieux, dans toute la véhémence de Notre tendresse paternelle qu'il donne à la France d'être une nation sainte, immuablement fidèle à son génie, à ses chrétiennes destinées; que la foi de ses aïeux — une foi pleine, active, militante — grandisse dans ce noble peuple; qu'elle reconquière les masses qui s'agitent aujourd'hui dans les ténèbres de l'incrédulité et qui, déçues, découragées par mille erreurs, s'affaissent dans l'ombre de la mort. *Levez-vous et le Christ vous illuminera.*

Que tous les fils de la patrie française, de plus en plus dociles à écouter Nos conseils, s'unissent dans la vérité, dans la justice, dans le respect mutuel et dans la charité fraternelle, comme les enfants d'un même père ; qu'ils se persuadent que l'oubli des principes qui ont fait leur grandeur, les conduirait infailliblement à la décadence, et que l'abandon d'une religion qui est leur force les laisserait sans défense contre les périls qui les menacent, et que le cri de la Loi Salique s'échappe de leur poitrine, plus puissant que jamais : *Vive le Christ, qui aime les Francs !*

Au déclin de ce siècle et à l'aurore de celui qui s'annonce, en ces temps difficiles qui mettent en mouvement tous les peuples et tous les éléments du corps social, en cet âge où les âmes agitées, inquiètes, semblent altérées de justice — de cette justice que Notre-Seigneur seul peut verser à flots— il faut que le baptême de Clovis et de ses guerriers se renouvelle en esprit et reproduise, à quatorze siècles de distance, les fruits merveilleux d'autrefois : l'union sociale sous un pouvoir sage, respecté, et la fidélité sincère envers l'Église catholique. Cette union des Français, vous le savez, Notre cher Fils, a été l'objet constant de Notre tendre sollicitude, et Nous l'appelons aujourd'hui avec une croissante ardeur. En vérité, quelle occasion pourrait être plus favorable et sainte pour ménager et augmenter en eux l'union d'esprit, de volonté, d'action dans la poursuite du bien commun, que la commémoration solennelle de l'évènement fortuné qui fut pour la France le principe du salut et la source de tant de gloire.

En attendant, Notre cher Fils, les catholiques doivent se reprendre et s'affirmer comme des fils de lumière, d'autant plus intrépides et plus prudents qu'ils voient une puissance ténébreuse mettre plus de persistance à ruiner autour d'eux tout ce qu'il y a de bienfaisant et de sacré ; s'imposer au respect de tous par la force invincible de l'unité, prendre avec clairvoyance et courage, conformément à la doctrine exposée dans Nos Encycliques, l'initiative de de tous les vrais progrès sociaux ; se montrer les défenseurs patients et les conseillers éclairés des faibles et des déshérités ; se tenir enfin au premier rang parmi ceux qui ont l'intention loyale, à quelque degré que ce soit, de concourir à faire régner partout, contre les ennemis de tout ordre, les éternels principes de la justice et de la civilisation chrétienne.

Puisse le Seigneur exaucer Nos espérances pendant l'extraordinaire Jubilé National que

Nous allons accorder, et durant lequel, Nos prières se mêlant aux vôtres et à celles de tout le peuple chrétien de France, le ciel s'ouvrira pour laisser tomber sur vous et sur votre patrie entière les plus larges effusions de l'esprit de Dieu !

C'est dans cette confiance que Nous accordons à vous, Notre cher Fils, aux évêques de France, au clergé, aux fidèles et à tous ceux qui participeront à vos fêtes, Notre bénédiction apostolique.

Donné à Rome, près Saint-Pierre, en la fête de l'Épiphanie, le 6 janvier de l'année 1896, de Notre Pontificat la dix-huitième.

LÉON XIII, PAPE.

LETTRES APOSTOLIQUES DE N. S. P. LE PAPE

ACCORDANT

Un Jubilé extraordinaire à la France

LEON XIII, PAPE

A tous les Fidèles de France qui ses Lettres verront,
Salut et Bénédiction Apostolique.

Vers la fin de la présente année, le jour même de la Nativité de Notre-Seigneur, la France catholique se prépare à célébrer, dans la joie et l'espérance, l'anniversaire d'un grand évènement.

Quatorze siècles, en effet, se sont écoulés depuis que le roi des Francs, Clovis, cédant aux inspirations de la divine Providence, abjura le vain culte des faux dieux, embrassa la foi chrétienne, et fut purifié et régénéré dans l'eau sainte du baptême.

Grande et solennelle fut cette cérémonie, accomplie dans l'église métropolitaine de Reims, alors qu'imitant le roi des Francs, ses deux sœurs et trois mille guerriers reçurent la même grâce des mains du saint Pontife Remi.

Bientôt, moins par sa valeur guerrière et son génie politique que par le secours du Christ, Clovis subjuguait la Gaule presque tout entière, et en réunissait les diverses provinces en un corps de nation. Sous l'influence civilisatrice du christianisme, on vit alors ce nouveau royaume grandir promptement, s'élever à un haut degré de puissance et bien mériter de l'Église.

C'est dans ce baptême mémorable de Clovis que la France a été elle-même comme baptisée: c'est de là que date le commencement de sa grandeur et de sa gloire à travers les siècles. C'est donc à bon droit que, sous la vive et puissante impulsion de Notre cher Fils, Benoit-Marie Langénieux, archevêque de Reims, des solennités extraordinaires se préparent, pour célébrer la mémoire d'un si heureux évènement.

Certes, si tant de nobles institutions célèbrent avec bonheur le jour qui rappelle leur origine et leur commencement, est-il rien de plus juste, rien de plus digne d'une nation, que de fêter, à travers les siècles, l'année et le jour où elle est née à la foi chrétienne pour entrer en participation de l'héritage céleste.

Naguère, dans une première Lettre, Nous avons brièvement rappelé le souvenir de ce mémorable évènement, le caractère et la grandeur de ce bienfait, tous les avantages et la gloire qui en étaient résultés pour la nation française.

A ces pensées, Nous avons joint de pieuses et apostoliques exhortations que Nous inspiraient la plus tendre charité et l'espoir qu'il en sortirait un grand bien. Certes, il sera bon, non moins que glorieux, de voir la France catholique s'ébranler tout entière, et porter ses regards et toutes ses aspirations, aussi bien vers ce baptistère béni de Reims, auguste berceau de sa religion, que vers l'illustre tombeau de Remi, d'où cet admirable Maître et Pasteur semble encore prêcher *la paix et l'éternelle vie.*

De pieux pèlerinages à ces lieux sacrés, des missions partout multipliées pour la sanctification des âmes, des aumônes répandues avec une miséricordieuse profusion, de solennelles actions de grâces, rendues au Christ Dieu, l'Auteur très bon de la prospérité publique, ces œuvres et d'autres semblables, contribueront puissamment à célébrer, comme il convient, ce glorieux et illustre Centenaire ; elles aideront à recueillir les fruits précieux qu'il est permis d'en espérer.

Ce résultat sera obtenu, Nous n'en doutons point, si tous ceux qui, en France, se font gloire du nom de catholiques, se souviennent des exemples de leurs aïeux, si surtout ils font revivre en eux leur foi vive, cette foi solide inspiratrice des grandes choses, qui les tenait si étroitement unis au Siège du Bienheureux Pierre ; si enfin, brûlant de marcher sur leurs traces, ils renouvellent avec une généreuse énergie, et ratifient avec une religion profonde les saintes promesses de leur baptême.

Pour Nous, qui désirons, autant qu'il est en Notre pouvoir, rehausser l'éclat de ces solennités et en augmenter les fruits pour les âmes, il Nous plaît dans le Seigneur d'ouvrir extraordinairement le trésor des sacrées indulgences. C'est pourquoi, par la miséricorde du Dieu Tout-Puissant, appuyé sur l'autorité des Bienheureux Princes des Apôtres, Nous accordons, en forme de Jubilé, une indulgence plénière, et la rémission de leurs péchés, à tous les Fidèles de France qui accompliront les œuvres suivantes, conditions de cette précieuse faveur :

D'abord, ils devront visiter deux fois deux églises de la ville ou de la localité qu'ils habitent ; ces églises seront désignées par les Ordinaires respectifs ; s'il n'y a qu'une église dans la ville ou la localité, ils la visiteront quatre fois. Dans ces visites, ils prieront quelque temps pour la liberté et le triomphe de Notre Mère la Sainte Eglise, pour la paix et l'union du peuple chrétien, pour la conversion des pécheurs, et aussi selon Nos intentions.

En second lieu, ils devront faire une bonne confession de leurs péchés et recevoir le Très-Saint Sacrement de l'Eucharistie.

Enfin, ils feront, selon leurs moyens, quelque aumône aux pauvres ou à une œuvre pie.

Pour le temps pendant lequel cette indulgence pourra être gagnée, Nous statuons qu'il s'étendra, pour toute la France, du premier dimanche de Carême à la fête de la Nativité de Notre-Seigneur, de telle sorte que, pendant cet espace de temps, trois semaines continues soient déterminées par chaque Ordinaire, pour accomplir les conditions ci-dessus indiquées et gagner l'indulgence en forme de Jubilé.

D'autre part, mais pour la ville de Reims seulement, Nous accordons que la même indulgence puisse y être gagnée, aux mêmes conditions, pendant tout l'espace de temps qui s'écoulera depuis le dimanche de la Résurrection jusqu'à la fête de Tous les Saints.

En outre, Nous concédons, aux conditions

accoutumées, une indulgence plénière à tous et à chacun de ceux qui assisteront avec religion à la rénovation des promesses du baptême, qui doit être faite publiquement dans toutes les églises de France, le jour de la Nativité de Notre-Seigneur.

Nous accordons miséricordieusement dans le Seigneur que toutes ces indulgences puissent être appliquées, par voix de suffrage, aux âmes qui ont quitté cette vie unies à Dieu par la charité.

Nous donnons aussi aux confesseurs le pouvoir de dispenser de la communion les enfants qui n'y ont pas encore été admis.

Enfin, Nous concédons à tous les confesseurs légitimement approuvés, pour tout le temps désigné, et en faveur de ceux qui ont l'intention de gagner le Jubilé, tous les pouvoirs que Nous avons accordés par les Lettres apostoliques *Pontifices maximi*, du 15 février 1879, exceptant tout ce qui est excepté dans ces mêmes Lettres.

Nous voulons qu'à tous les exemplaires de ces Lettres, même imprimés, pourvu qu'ils soient signés d'un notaire et munis du sceau d'une personne constituée en dignité ecclésiastique, la même foi soit ajoutée qu'on accorderait à la signification de Notre volonté faite par la production des présentes.

Donné à Rome, près Saint-Pierre, sous l'anneau du Pécheur, le VIIIe jour de janvier de l'année MDCCCXCVI, de notre Pontificat la dix-huitième.

C. Card. DE RUGGIERO.

EXTRAIT DE LA LETTRE PASTORALE

DE

MONSEIGNEUR L'ÉVÊQUE DE FRÉJUS & TOULON

A L'OCCASION

DU XIVe CENTENAIRE DU BAPTÊME DE CLOVIS

EUDOXE-IRÉNÉE-EDOUARD MIGNOT

Par la miséricorde de Dieu et l'autorité du Saint Siège apostolique

ÉVÊQUE DE FRÉJUS ET TOULON

ASSISTANT AU TRONE PONTIFICAL, COMTE ROMAIN.

Au Clergé et aux Fidèles de notre diocèse, salut et bénédiction en Notre Seigneur Jésus-Christ.

NOS TRÈS-CHERS FRÈRES,

DEPUIS plusieurs mois, les solennités religieuses de Reims attirent autour du baptistère de Clovis de nombreuses députations de la France chrétienne. Tous les diocèses y sont représentés par leurs évêques ou leurs délégués, par les directeurs d'œuvres chrétiennes, qui viennent tour à tour montrer par cette leçon de choses la vitalité de l'Eglise aux yeux les plus prévenus. Cette démonstration par l'action vaut mieux que tous les discours et toutes les apologies ; elle répond d'une façon péremptoire aux adversaires qui prétendent que la sève chrétienne est épuisée, que nous ne marchons plus que grâce à une vitesse acquise qui va diminuant toujours et ne tardera pas à s'immobiliser dans le froid glacé de la mort. Si, en raison de la distance, nous ne pouvons aller nous agenouiller dans la merveilleuse cathédrale de Reims, témoin de tant de nos gloires nationales, nous nous unirons du moins à ceux qui, plus heureux que nous, renouvelleront bientôt, au nom de la France, ces promesses et cette consécration qui ont fait de notre nation la fille aînée de l'Eglise.

Ce n'est pas, N. T. C. F., que le baptême de Clovis ait été la cause de la conversion de notre pays : ce serait une grave erreur de le croire. Grâce à Dieu la Gaule était chrétienne depuis longtemps et les diocèses organisés à peu près comme ils le sont à présent. La Gaule n'avait pas manqué et ne manquait pas encore de grands évêques ; l'Evangile avait pénétré dans notre pays bien avant l'arrivée de Clovis à Tournai et à Soissons. Ce qui est vrai, c'est que le baptême du chef Sicambre fut l'occasion de la conversion des Francs ; c'est que la plupart de nos provinces étaient alors infectées d'arianisme ; c'est que, seuls de tous les barbares conquérants, les Francs puisèrent à une source pure la doctrine catholique, alors que les autres envahisseurs n'avaient qu'un christianisme imparfait ; que, malgré de lamentables lacunes morales, ils étaient les seuls vrais enfants de l'Église, les seuls sur lesquels les papes pouvaient s'appuyer ; c'est qu'en réalité ils ont fait la France catholique : cela dit tout.

Cependant ce n'est pas du rôle des Francs que Nous vous parlerons aujourd'hui. L'heure, en effet, n'est pas aux enivrements de la victoire, ni aux cris d'allégresse, ni aux entraînements d'un dangereux optimisme. Ce n'est pas en face des succès de l'impiété grandissante, de l'affaiblissement de la foi dans la masse de nos populations, au milieu des douloureuses préoccupations de l'avenir, qu'il convient de se réjouir au souvenir des triomphes du passé. Qu'un peuple vaincu, pour se consoler de ses défaites, réchauffer le patriotisme de ses enfants, entretenir l'espoir de revanches légitimes, aime à célébrer l'anniversaire de ses victoires, nous le comprenons sans peine et nous y applaudissons. Les enfants de l'Église, qui ne connaissent ni craintes, ni découragements, n'ont pas besoin de ces moyens humains pour fortifier leur foi ; ils savent qu'ils ne seront jamais vaincus. Mais il savent aussi que l'Eglise peut subir des défaites partielles, disparaître de certaines régions, subir des modifications profondes dans sa discipline, dans ses relations avec les puissances civiles : que ses victoires sont toujours incomplètes ; qu'elle est toujours à la fois victorieuse et vaincue, triomphante et persécutée. Quel est donc le pourquoi d'une épreuve qui dure depuis dix-huit siècles ? Quel est le mot de l'énigme, la clef du mystérieux secret ?

C'est que l'Église est à la fois divine et humaine. Comme son maître elle descend du ciel, tout en prenant naissance sur la croix. Elle a, comme le Christ, un côté lumineux et un côté obscur. Si parfois les circonstances extérieures peuvent faire illusion, en réalité elle demeure toujours identique à elle-même, semblable à son époux divin, toujours victorieux et toujours persécuté, toujours acclamé et toujours méconnu, toujours aimé et toujours haï. La lutte, la persécution, qu'on veuille bien ne pas l'oublier, sont une des marques caractéristiques de l'Église. Cet état des choses est une preuve manifeste de sa divinité, l'accomplissement de la prophétie de Notre Seigneur : « On vous persécutera, comme on m'a persécuté. » Cela est de l'essence même du Christianisme, cela en constitue la marque authentique. Pour être la véritable, l'Église du XIXe siècle doit être identique à celle des premiers temps et n'en être pas seulement la continuation apparente. Il lui faut la même vie, le même souffle, la même personnalité, en dépit des changements extérieurs parfois considérables. Nous vivons, en effet, du passé et le moment présent n'est que la résultante de la somme de nos efforts antérieurs. Notre personnalité est la permanence d'un être qui reste identique à lui-même, sans se perdre, ni se dissoudre ou s'évaporer dans le monde ambiant. Ce que nous sommes, nous le devons à mille causes, mais nous demeurons toujours ce que nous sommes.

Il en est ainsi de l'Église ; elle marche vers l'avenir en vivant du passé. Elle se l'assimile à mesure qu'il devient présent, sans changer sa propre nature. Elle ira grandissant et se développant, mais ce sera en vertu des lois qui président au développement des êtres intelligents. Elle se continue à travers les âges avec la même vie, les mêmes caractères essentiels, gardant les traits divins que son Fondateur lui a imprimés pour jamais. Une Église sortie du cœur blessé de Jésus n'est pas, ne sera jamais faite pour jouir. Ses triomphes les plus glorieux, nécessaires à sa mission rédemptrice, n'enlèvent rien à son caractère, à sa constitution originelle. Pétrie des larmes et du sang du Sauveur, elle est, en vertu d'une loi providentielle, nécessairement associée à ses humiliations et à ses persécutions. Cette loi, il serait intéressant de la découvrir, d'en suivre les applications jusque dans les siècles les plus chrétiens, mais il faudrait analyser toute l'histoire de l'Eglise. Nous nous bornerons à quelques aperçus tirés des premiers siècles, à examiner comment elle est apparue aux esprits cultivés du paganisme, de quel œil les sages l'ont considérée, l'accueil qu'ils lui ont fait. Nous l'étudierons ensuite rapidement dans ses luttes avec les hérésies sorties de son sein et dans ses rapports avec les puissances politiques du IVe et du Ve siècle.

*
* *

Monseigneur l'Evêque a développé ces points de vue historiques dans de doctes et éloquentes pages qu'on trouvera dans la *Semaine Religieuse* des 5, 12 et 19 septembre 1896. Il arrive après cet exposé lucide et saisissant, à cette conclusion, qui nous ramène au baptême de Clovis.

*
* *

Voilà en quelques traits un rapide aperçu de la situation de l'Église. Était-elle meilleure que dans les siècles précédents ? Nous ne le pensons pas. Trois ans avant le baptême de Clovis, en 493, sous le pape Gélase, tout l'Orient était aux mains de chrétiens traîtres au concile de Chalcédoine. Les succès des Goths en Occident semblaient être la revanche du concile de Rimini contre celui de Nicée. L'hérésie pélagienne, qui s'était déjà glissée partout, exerçait ses ravages jusqu'en Italie près du siège de la catholicité. En France, les Burgondes ariens possédaient le Sud-Est ; les Visigoths, le Sud-Ouest. Les Flandres, la Picardie, l'Ile-de-France, la Champagne, pour me servir des noms modernes, venaient d'être conquises par un roi païen. L'Afrique était opprimée par le vandale Gondamond et le clergé en partie exilé. L'Orient se rangeait du côté d'Acace, excommunié par le Pape, et déjà commençait un schisme de trente ans, funeste avant-coureur d'autres schismes plus irrémédiables. L'empire acceptait l'hénotique de Zénon, l'Arménie se disposait à accepter le pur monophysisme. En Egypte, les divisions s'accentuaient aussi; les églises préférèrent sacrifier la succession apostolique plutôt que d'accepter le concile de Chalcédoine. L'hérésie nestorienne couvrait le reste.

N'était-il pas temps que Dieu se montrât, qu'il donnât à son Église un appui efficace? Appui bien fragile en apparence, dont les évêques des Gaules ne comprirent pas d'abord l'importance, puisque plusieurs d'entre eux, et non des moindres, préféraient s'appuyer encore sur la puissance romaine, si affaiblie pourtant dans notre pays. Il nous plaît, depuis quelques années surtout, de fêter le souvenir de la libératrice de la France si manifestement suscitée de Dieu; mais le rôle de Jeanne fut limité à son pays : sa mission fut de rendre la France à elle-même. Le baptême de Clovis eut une portée plus haute; car, si la conversion du guerrier païen donna la vie à la France chrétienne, elle donna du même coup la France à l'Église catholique.

Aussi est-il bon de fêter le XIVe Centenaire de ce baptême, qui fut le principe d'abondantes bénédictions pour la France et l'Église entière, de le fêter à une époque où la situation de la Papauté est presque aussi précaire qu'à la fin du Ve siècle. Sur quelles nations pouvait s'appuyer en 496 le pape Gélase ? Toutes étaient hérétiques ou hostiles. Sur quelles nations peut s'appuyer, quatorze siècles plus tard, son successeur Léon XIII ? Certes le monde entier s'incline devant notre Pontife vénéré ; cependant, malgré l'immense influence morale du chef de l'Église, n'est-il pas évident qu'il ne peut s'appuyer ni sur l'Angleterre, ni sur l'Allemagne, la Russie, la Suisse, la Hollande, les États Scandinaves, ni sur l'Italie, pourtant toujours si chère à son cœur : à peine sur l'Espagne et l'Autriche !

O Père, pourquoi donc ne pouvez-vous plus vous appuyer complètement sur notre France ; notre France toujours si chrétienne, malgré les passions qui la déchirent, et que Dieu vous avait donnée pour fille aînée il y a quatorze siècles ? Si plus d'une fois elle a été infidèle à sa mission, ses erreurs n'ont pas duré et elle n'a pas cessé d'être le soldat de Dieu et de la civilisation.

*
* *

Est-ce pour ressusciter le passé que nous nous associerons aux fêtes de Reims ? Nullement. Pas plus que les fleuves, les peuples ne retournent en arrière. Après de longs siècles de prospérité qui démentent en apparence la note caractéristique sur laquelle j'ai insisté et qui la confirmeraient plutôt, puisqu'elle a payé cher la protection qu'on lui a accordée, l'Eglise arrive aux confins d'une ère nouvelle, toute différente de ce qui a précédé. Après la persécution et la protection, voici venir l'ère de l'indifférence. Nous n'aurions qu'à nous réjouir, si le passé était toujours la prophétie de l'avenir. Toutes ces hérésies, si fortes, si puissantes, appuyées sur le bras séculier en Orient comme en Occident, ont disparu. Théodoric, Euric, Léovigild ont disparu aussi ; il ne reste en France, en Italie et en Espagne que la religion de Clovis.

Arius a disparu et la foi de Nicée demeure. Nestorius et Eutychès ont disparu aussi et la foi d'Ephèse et de Chalcédoine s'élève au-dessus des ruines écroulées. Chaque siècle amènera de nouvelles erreurs, toutes passeront les unes après les autres et s'effriteront en poussière légère dont il ne restera pas trace. Le protestantisme lui aussi se désagrège et menace de n'avoir plus d'autres dogmes que ceux de la religion naturelle. Cependant il ne faut pas nous dissimuler que nous entrons dans l'inconnu. Jusqu'à présent les hérésies ne s'attaquaient qu'à une partie des dogmes chrétiens : aujourd'hui nous sommes en face de la négation absolue. L'hérésie qui nous menace, si tant est qu'on puisse lui donner ce nom, n'a jamais été connue même du paganisme, si religieux au fond malgré ses erreurs. Nous sommes en face de la négation prétendue scientifique du surnaturel. C'est plus qu'un retour au paganisme : c'est l'oubli, l'indifférence de Dieu ; que dis-je ? la négation de Dieu, de sa Providence, de sa révélation ; ce n'est pas même le panthéisme, qui conserve quelque chose du divin ; c'est la matière substituée à l'esprit, le hasard substitué à l'intelligence ; c'est l'œuvre de Clovis à rebours ; c'est un essai de déchristianisation radicale de la France. L'idéal de nos adversaires n'est plus de nous élever jusqu'à Dieu, de nous consoler à la pensée d'espérances éternelles, c'est de nous couper les ailes, de nous faire redescendre sur la terre, de faire de notre France idéaliste une sorte de Chine ou de Japon, de nous plonger dans la recherche exclusive des intérêts matériels, de nous faire oublier non la pauvre Ithaque, comme les compagnons d'Ulysse, mais notre patrie véritable, mais ces biens invisibles que Dieu promet à ceux qui l'aiment et dont la réalité dépasse nos plus audacieuses espérances !

*
* *

Le Souverain Pontife a daigné accorder à notre pays une indulgence plénière en forme de Jubilé, laissant aux Évêques le soin d'en déterminer l'époque qui leur paraîtrait la meilleure. Il nous a paru bon de faire coïncider les exercices préparatoires de ce Jubilé National avec le mois du Saint-Rosaire, qui coïncide avec la fête de saint Remy et les solennités de Reims.

En conséquence, le saint nom de Dieu invoqué, Nous avons ordonné et ordonnons ce qui suit :

ARTICLE Ier. — Sont publiées dans Notre diocèse les Lettres apostoliques de Sa Sainteté Léon XIII accordant à la France un Jubilé National à l'occasion du quatorzième Centenaire du baptême de Clovis.

ARTICLE II. — L'indulgence de ce Jubilé pourra être gagnée dans Notre diocèse dans les trois semaines consécutives comprises entre le lundi 5 octobre et le dimanche 25 du même mois inclusivement.

ARTICLE III. — Le dimanche 4 octobre, on chantera au salut du Saint-Sacrement le *Veni creator* et le *Sub tuum*, avec les versets et oraisons correspondants.

ARTICLE IV. — Les conditions imposées pour gagner l'indulgence jubilaire sont les suivantes :

1° *La visite des églises*. A savoir, visiter deux fois deux églises différentes, ou quatre fois la même église, en y priant pour la liberté et l'exaltation de la sainte Église, pour la paix et l'union du peuple chrétien, pour la conversion des pécheurs et pour N. S. P. le Pape. On peut à cette fin, réciter chaque fois cinq *Pater* et cinq *Ave Maria*.

A Toulon (*intra muros*), où se trouvent plusieurs églises paroissiales, les stations jubilaires se feront à l'église à laquelle les fidèles appartiennent et à une autre église paroissiale désignée par MM. les Curés ; dans les faubourgs et dans toutes les autres paroisses du diocèse, à l'église paroissiale. Les membres des communautés religieuses, les pensionnaires des hôpitaux, les maîtres et les élèves des séminaires, collèges et pensionnats, visiteront la chapelle de leurs maisons respectives.

2° *La confession et la communion*. L'obligation de communier ne concerne pas les enfants qui n'ont pas encore fait la première communion. Ils peuvent gagner l'indulgence du Jubilé en accomplissant seulement les autres œuvres prescrites.

3° *L'aumône*. Nous invitons les fidèles à affecter cette aumône à l'Œuvre des séminaires. Elle sera remise à MM. les Curés ou déposée dans un tronc désigné à cet effet.

Article V. — Tous les confesseurs pourront, une fois seulement, absoudre les personnes qui s'adresseront à eux pour gagner le Jubilé, des cas et censures réservés au Saint-Siège et à Nous. Par cette concession néanmoins le Saint-Père n'entend point déroger aux dispositions contenues dans la constitution *Sacramentum pœnitentiæ* de Benoît XIV, qui sont maintenues dans toutes leurs rigueurs.

Les confesseurs pourront, en outre, commuer les vœux de leurs pénitents et dispenser des visites ou de l'aumône ceux qu'ils jugeront légitimement empêchés, en leur prescrivant, à titre de compensation, telles œuvres de piété, de charité ou de mortification qu'ils jugeront convenables.

Article VI. — Les religieux, à quelque ordre qu'ils appartiennent, ont la faculté de s'adresser, pour la confession ici prescrite, à tout prêtre approuvé, qu'il soit régulier ou séculier. Les religieuses, même celles qui vivent en clôture, jouissent du même privilège, sous la réserve que le confesseur librement choisi soit approuvé pour la confession des religieuses.

Article VII. — Nous invitons MM. les Curés à se concerter entre eux pour donner dans leurs paroisses, sous forme de *triduum* ou de retraite, des instructions spéciales, afin de disposer les fidèles à recueillir plus abondamment les grâces du Jubilé. A cet effet, Nous accordons à tous les prêtres approuvés dans Notre diocèse la permission de prêcher et de confesser dans les paroisses où ils seront appelés à donner ces exercices.

Fait à Fréjus, le 25 juin 1896.

† EUDOXE-IRÉNÉE,
Évêque de Fréjus et Toulon.

Par Mandement :

GRISOLLE,
ch. s. g.

RÉNOVATION DES PROMESSES BAPTISMALES (1)

Me voici, ô mon Dieu, prosterné à vos pieds pour vous remercier de la grâce de mon Baptême. De préférence à tant d'autres, vous m'avez appelé au bienfait de la Foi; vous m'avez fait naître de parents chrétiens, dans une nation catholique qui est la France.

En retour, je vous ait fait des promesses : celles de croire à votre parole, d'accomplir les devoirs de ma religion, de renoncer à Satan et au péché, de m'attacher à Jésus-Christ, seul Maître et seul Sauveur, à l'Eglise seule conductrice des âmes et des peuples.

Tout confus de mes infidélités et de mes défaillances, je vous en demande aujourd'hui très humblement pardon, et je renouvelle, dans la plénitude de mon intelligence et de ma liberté, mes engagements solennels de garder la foi de mon Baptême, d'être fidèle à l'Evangile, de rester l'enfant docile et soumis de l'Eglise ma mère.

Autant qu'il m'est possible de le faire, j'associe la France, ma bien-aimée Patrie, aux sentiments que je vous exprime de reconnaissance pour vos bienfaits envers elle, de réparation pour ses offenses, de renouvellement dans la foi et dans l'amour qu'elle vous a jurés au Baptistère de Reims.

Divin cœur de Jésus, je vous adresse ma prière : Faites que je sois fidèle en tout et toujours ! Faites que la France, inébranlable dans la foi, soit toujours digne de son titre si glorieux de Fille aînée de l'Eglise.

— *AINSI SOIT-IL.*

De notre baptême et de tous les bienfaits que nous avons reçus, nous vous rendons grâces, Seigneur !

— *NOUS VOUS RENDONS GRACES, SEIGNEUR !*

---

(1) Cet acte de rénovation des Promesses Baptismales est celui qui se fait à Reims à l'issue des Pèlerinages au tombeau de saint Remy.

Pour tous nos péchés, nos faiblesses et nos iniquités, pardon, Seigneur !

— PARDON, SEIGNEUR, PARDON !

Je renonce à Satan, à ses pompes et à ses œuvres !

— J'Y RENONCE !

Et je m'attache à Jésus-Christ pour toujours !

— ET JE M'ATTACHE A JÉSUS-CHRIST POUR TOUJOURS !

Je crois en Dieu, le Père tout puissant, créateur du ciel et de la terre.

— J'Y CROIS !

Je crois en Jésus-Christ, son fils unique, notre Seigneur qui est né et qui a souffert.

— J'Y CROIS !

Je crois au Saint-Esprit, la sainte Eglise catholique, la Communion des Saints, la Rémission des péchés, la Résurrection de la chair et la vie éternelle.

— J'Y CROIS !

Christ-Jésus, qui aimez les Francs,

— Ayez pitié de nous !

Sainte Vierge Marie, Reine de la France,

— Intercédez pour nous !

Saint Michel Archange, Protecteur de la France,

— Défendez-nous !

Saint Remi, qui avez baptisé la France,

— Secourez-nous !

Sainte Clotilde,

— Priez pour nous !

PRIÈRE POUR LA FRANCE

Oraison extraite d'un Missel en usage au Septième Siècle

Dieu Tout-Puissant et Eternel, qui avez établi l'Empire des Francs pour être dans le monde l'instrument de votre très sainte volonté, le glaive et le rempart de votre sainte Église, nous vous en prions, prévenez toujours et partout de votre céleste lumière, les fils suppliants des Francs, afin qu'ils voient ce qu'il faut faire pour étendre votre règne en ce monde, et que, pour accomplir ce qu'ils auront vu, leur charité et leur force aillent toujours en s'affirmissant. Par Jésus-Christ Notre Seigneur. Ainsi soit-il.

www.ingramcontent.com/pod-product-compliance
Lightning Source LLC
LaVergne TN
LVHW010105230826
846091LV00005B/2090
9782012721616